47199225R00083

Made in the USA
Columbia, SC
29 December 2018